rhwng y craciau

rhwng y craciau

cerddi penri roberts

lluniau christine mills

Gwasg Carreg Gwalch

Argraffiad cyntaf: 2015

Rhif rhyngwladol: 978-1-84527-529-7

Mae'r cyhoeddwr yn cydnabod cefnogaeth ariannol
Cyngor Llyfrau Cymru

Dylunio: Elgan Griffiths

Cyhoeddwyd gan Wasg Carreg Gwalch,
12 Iard yr Orsaf, Llanrwst, Conwy, LL26 0EH.
Ffôn: 01492 642031 Ffacs: 01492 641502
e-bost: llyfrau@carreg-gwalch.com
lle ar y we: www.carreg-gwalch.com

Cyflwynedig i

Jane a Glyn Roberts, fy rhieni,
Llanrhaeadr-ym-Mochnant

Ring the bells that still can ring,
forget your perfect offering,
there's a crack, a crack in everything,
that's how the light gets in.

allan o '*Anthem*'
gan Leonard Cohen

Cynnwys

Cyflwyniad

gan Cyril Jones

Mae'r cerddi hyn wedi'u gwreiddio'n ddwfn yn naear dwyrain Maldwyn, Pumlumon a'r gororau. Llefydd a chymeriadau'r ardal hon ar hyd y canrifoedd sy'n britho tudalennau'r gyfrol o Lanrhaeadr-ym-Mochnant i Lanidloes ac o gyfnod Glyndŵr – a chynt – hyd at Siartwyr Llanidloes, Nansi Richards a Laura Ashley. Addas iawn, felly, fu cyfuno dawn eiriol Penri â thalent yr arlunydd Christine Mills o ddyffryn Banw. Mae cyfosod y ddau gyfrwng yn cynnig dau drywydd i ni. Cawn weld yr hyn a glywn yn y geiriau ar un llwybr a chlywed yr hyn a welwn yn y lluniau ar y llwybr arall.

Dyw hynny ddim yn golygu mai cerddi cul eu gorwelion a geir yn y gyfrol hon. Mae ambell gangen o'r goeden farddol hon yn lledu cyn belled ag Amsterdam a Nimes. Mynegant brofiadau sy'n gyffredin i bob llan a lle. Darllenwch y dilyniant dirdynnol 'Muriau', a gipiodd goron prifwyl Dinbych 2001 i Penri ac a seiliwyd ar ei brofiad helaeth fel athro a phrifathro a adawodd stamp ei ddylanwad ar genedlaethau o ddisgyblion.

Ceir tinc telynegol, diamheuol i'w gerddi caeth a rhydd ac nid yw'n syndod bod y ffin rhwng y gerdd a'r gân yn agos ar brydiau, o gofio am ei ddawn fel cydawdur cerddi cofiadwy Cwmni Theatr Ieuenctid Maldwyn. Maen nhw'n gerddi'r ffin o safbwynt y Gymraeg hefyd a llwyddant i fynegi profiad brodor o'r ardal a lafuriodd ynddi trwy gyfrwng gweithredoedd a geiriau.

Uwchben Llyn Clywedog
– 27/05/14

(Er cof am fy ffrind gorau Derec Williams)

mae 'na un cwch ar y llyn heno
dim ond un cwch ar y llyn
ei hwyliau gwynion yn hymian
caneuon o'r sioeau gynt

glywi di sŵn y corn yn galw

yn eu galw o'r dyfnder
rhwng llif-oleuadau'r machlud
i'r byrddau llyfn

glywi di sŵn

daw'r cwch yn nes
i ganol llwyfan y llyn
a chanu'r corws sy'n crychu'r dŵr
yn un harmoni o donnau
yn drobwll o felodïau

ar noson fel hon
fe daflwn pob gofal i'r gwynt

ar noson fel hon
mae awditoriwm y bryniau
yn herio'r nos a'i hualau

yn atseinio'r gri
fe roddwyd gwlad
fe roddwyd caer a thir i'n gofal
fe roddwyd gwlad

ond yna'n ddisymwyth
mae'r cwch yn tacio troelli
y nodau a'r geiriau'n chwil-droi
ac o groth y dŵr daw gwrthdaro

eryr pengwern
ie Glyndŵr
rhaid i mi fyw i weld pob toriad gwawr
r'wyn dy weld yn sefyll
r'wyn dy garu di o bell

a thrwy niwl y nosi
diflanna am ryw hafan bell
tuag at lewyrch golau newydd

cannwyll ein rhyddid
cymer ni yn ein gwendid

ac mae'r llenni'n cau

does 'na'm un cwch ar y llyn heno
dim un cwch ar y llyn

Llun priodas fy rhieni –
Awst 1940

Yn y llun, mae llawenydd
dau gariad ar doriad dydd,
dau a'u gwawr mewn du a gwyn
mor heintus ar amrantyn.
Dau a'u dyddiau'n ymdoddi
yn llwyr yn uniad eu lli;
wysg y lôn ei phenwisg les
raeadra'n lif dirodres
ac o bwythau gobeithion
eu coflaid, daw'r llygaid llon
a'r wên swil i rannu swyn
gogoniant teg eu gwanwyn.

Dau o'u rhyddid a'u hurddas,
dau yn gryf ar donnau gras
mor dirion, dwy galon gêl,
yn yr haf adeg rhyfel.
Dau hynod yn eu blodau,
yn eu nef yn llawenhau,
yn hedfan ar gusan gudd,
dau annwyl eu hadenydd.

Ac erys mêl eu delwedd
imi'n bâr – a'r ddau mewn bedd.

Pennant Melangell

Deuaf i'r noddfa gysegredig
i eistedd a gwrando
ar rythmau'r gorffennol.

I eistedd a gwrando
ar y glaw sy'n curo, curo
ar amdo'r prynhawn;
yn curo a churo,
yn beichio – cofleidio,
a minnau ym mreichiau
y forwyn a'i dawn.

Y glaw a glywaf,
y glaw, dim ond y glaw,
fy mhader ym mhob curiad,
fy nwylo mewn addoliad
i'r goleuni yn y glaw.

Alaw y glaw a glywaf,
alaw llanw a thrai;
y glaw, y glaw sy'n edefyn
trwy'r alaw ddiderfyn,
alaw morwyn Nant Ewyn,
alaw hon sy'n y glaw.

A'r glaw, y glaw a dawodd
a lle bu llen mae llaw
yn estyn tua'r seintwar –
daeth y weddi wedi'r glaw.

Minnau'n fud yng ngoleuni harddwch,
yn datod clymau yn y tawelwch.

Ficerdy Llanrhaeadr-ym-Mochnant

Yn ei ffau oer fe welir offeiriad
heno a'i ddwylo mewn dwys addoliad,
lleisiau dilafar sydd eto'n siarad,
a llwm ei galon yng nghell ymgiliad.
Y gŵr mewn byd digariad – gwêl ei gur
a'i wir ddolur yn awr ei arddeliad.

Heno mae murmur yr ysgrythurau
yn sêr y marwor sy' ar y muriau,
ac yn offeren y canhwyllbrennau
mae hud y gosber a gwêr y geiriau.
Daw cysgod yr adnodau – fel mantell
dros lwydni'r gell, i gymell ei gamau.

Mud yw ei gawell ym medi'i gywain,
daw geiriau'n llif i dŷ gŵr yn llefain
a chwys ei dynged sy'n diasbedain
yn oriau'r hwyr, a daw'r Ior i'w arwain,
i'w hedeg ar ei adain – rhag erlid
a gofid, oblegid awr y blygain.

Yma bu cynnen, yma bu penyd,
yma bu gwagle, diodde, dedwyddyd;
yma bu hedfan, yma bu adfyd,
yma bu cyni, asbri ac ysbryd.
Yma bu diafol a golud – i hwn,
yma bu'i annwn – yma bu'i ennyd!

Helfa

af i hela
dros fryniau'r penglogau
trwy ddyffrynnoedd ymennydd
gan ddilyn sawr
hyd lwybrau cyntefig
cof

af i hela'r
goedwig o gyfrinachau
i igam-ogamu
rhwng y gwir a'r gau
gan rewi ger amheuaeth
croesffordd

af i hela
yn sŵn y cŵn a'r meirch
rhwng cyffro mellten a tharan
lle mae bytheirio
glaw fory'n glafoeri
ofn

af i hela
ceunentydd cydwybod
a gwales celwyddau
i wingo wrth durio daear
cywilydd

af i hela
i fyd defodaeth
lle mae cymrodedd
gwên a gwg
yn rhannu
ffau

af i hela
i dir anghysbell enaid
am y llwynog
sydd ynof
fi

marwolaeth dafad ddu

fe'th welais di o bell
wrth imi gerdded fy mloneg
hyd lwybr serth y Gorn

dy gorff du mor llonydd
a niwlen Mawrth
yn amdo hyd y cae

sefais i ryfeddu ar wagle
dy lygaid pŵl
a'th dranc gosgeiddig ar y pridd

teimlais dy unigrwydd olaf
ac adlais paderau pellennig
ym mhori'r praidd

â'th osgo tua'r adwy
wyt eto ar wahân ymysg y dorf
yn wrthodedig ar y waun

oet yr harddaf famog ddu
dy garcas heddiw sydd yn wledd
dan wylnos oer y brain

yn ysgytiad y bore rhwygol
gwn nad oes yfory
i'r epil yn dy groth

Pistyll Rhaeadr

Yn y gwanwyn, y geni
yw'r llef ar wefusau'r lli,
yn rhannu'i gân â'r hen gwm
o'i orlif wedi hirlwm.
Daw newydd wisg i ddisgyn
dros y gwddf yn dresi gwyn,
i dasgu sêr, diosg siôl
a gofid byd gaeafol.
Llanw wyt yn llawenhau
yn hoen fy ngeni innau.

A phan ddaw'r haf i'r afon,
ewyn llif sy'n dannau llon,
ei ffrwd sy'n hwiangerdd ffraeth
amdanom, ei dewiniaeth
yn adain i ehedeg
draw at lwyth y tylwyth teg.*
Swyn y nos mewn atsain nant
a'i nwydus, nwydus nodiant,
gwna i'm orwedd mewn gweddi,
gwisg yr haf amdanaf i.

Hydref a'i gân ddolefus
ddaw eto i'r fro ar frys
drwy y glyn, a nodau'r glaw
i wylo rhwng yr alaw.
A thrwy coelcerth y perthi
daw tres lladrones y lli
i ddwyn haf a'i hedd yn ôl
i'w heinioes hir linynnol.
Heddiw'n rhwysg fe ddaw yn rhu
i hydref fy rhaeadru.

Gefyn yw y gaeafu
a'i raib i gaethiwo rhu,
i gloi'r em ym maglau'r ia
ar orig yn yr aria.
Ond hudol yw'r meirioli
o'r llen fe ddaw côr y lli,
un diferyn, nodyn yw,
un Eden heno ydyw.
Daw awen i'r dadeni,
rhimyn aur o harmonì.

* *Pistyll Rhaeadr a ysbrydolodd E. Tegla Davies i ysgrifennu "Tir y Dyneddon" yn 1921, pan oedd yn weinidog ar Gapel Wesle Llanrhaeadr ym Mochnant.*

Dyffryn Hafren

Yn nyfroedd Dyffryn Hafren – y mae'r llif
 mor llafar ei awen
 ar redeg, mae ar aden
 y nos yn tramwyo'r nen.

Tramwyo nen dalennau – yn ein cof
 a'n caer o ddarluniau;
 dol o waedd a delweddau,
 ddaw a briw byddinoedd brau.

Hen fyddin frau y'm ninnau – a chwmwd
 dychymyg yw'n lluniau,
 pob ymdaith a gobaith gau –
 yn fidog i fywydau.

Bywydau – ers ein bedydd – yn herio
 hen diroedd aflonydd,
 herio ffau a herio ffydd
 rymusaf ein gormesydd.

Yn nyfroedd Dyffryn Hafren – y mae gwae
 am y gwŷr a'u cynnen,
 eu bywyd o dan bawen
 y Sais, a'i dragwyddol sen.

a dyma'r newyddion (2011)

daeargryn yn Seland Newydd
un llawer mwy yn Siapan
Cristion 'di cael ei drywanu
mewn dinas ym Mhacistan

merch ifanc 'di lladd yn Swindon
ar ôl gorffen dydd o waith
a gyrrwr tacsi 'di hawlio mwy
na'r pris am ei holaf daith

mae na ryfel cartre yn Libia
a chyrff yn gwladychu'r stryd
draw a ni at ein gohebydd
(*rhybudd o luniau erchyll*)
i'n goleuo ar hyn i gyd

mae na neiniau 'di rheibio yn Llundain
mae'r bunt yn rhyfeddol o wan
ac mae milwr arall o Gymru
'di syrthio'n Affganistan

a dyna'r cyfan am heno (*gwên*)
ar ran y tîm
ga i ddymuno Pasg Hapus
i chi gyd

cut

Sycharth

Ger y ffin, dail crin sy'n crynu'n y gwynt
a'r gân ddaw i chwythu
drwy y waun, i drywanu
her a dawn yr erwau du.

Heddiw gwarth sydd yma'n garthen – a gwyll
y golled sy'n grachen,
iselder lle bu seren,
mwgwd lle bu ffrwd a phren.

Ar y mwnt gwelir mantell y llwyni
lle unwaith bu castell
a lle bu haf mewn 'stafell
mae hirlwm hen gwm yn gell.

Lle bu dôr, lle bu derwen – lle bu ffydd,
lle bu ffair, offeren,
lle bu alaw ac awen
ddoe yn swch, mae heddiw'n sen.

Ond ust! O'r distaw eistedd – mae antur
ar y mwnt, a'i fysedd
melyn hollta'r glyn â'i gledd.

O ledrith y pelydrau – yn deiran
ar dyrau y bryniau
daw heddiw haul i'n dyddiau.

Yn y glyn mae'r llyn yn llonydd – yna
daw ennyd o gerydd,
rhyw gôr dig yn rhwygo'r dydd.

Un hwyaden sy'n codi – a chwawiau
ei chywion direidi
yn y brwyn sy'n argoel bri.

Yn y deor mae yfory ein hil
a'n hail ymddilladu –
nwyfiant plant yn magu plu.

Dwy ast yn *Nimes* (*De Ffrainc*)

Sul y Pasg –
a dwy wraig ar dennyn
yn cwrdd ger arena
fel y gornestwyr gynt.

Dau gi,
heb ffrwyn ar eu ffroenau
ym mhenolau'i gilydd,
cyn ysgyrnygu'n flin
a'u cilddannedd fel cleddyfau.
Herio a bygwth mewn cadwynni,
troi mewn cylch a chodi llwch.

Dwy wraig mewn denims *
a'u bagiau'n dariannau,
yn rhegi a bytheirio'i gilydd,
a'r dorf yn dawel, dawel ar deras

Dau gi yn digwydd cwrdd –
eiliadau o herio a dim mwy.

Dwy ast ar Sul y Pasg
yn dal i gnoi asgwrn y gorffennol
wrth i glychau'r eglwys
seinio diwedd yr ornest.

• *De Nimes – o Nimes y daeth y defnydd a elwir denim*

Ysgol Dafydd Llwyd

*(Ysgol ddynodedig Gymraeg y Drenewydd a sefydlwyd yn 2001 ger
hengaer Dafydd Llwyd. Yng nghanol y 15fed ganrif, cyfansoddodd y
bardd Lewis Glyn Cothi gerdd o foliant i Dafydd Llwyd a oedd yn
noddwr beirdd a cherddorion.)*

Mae niwloedd trwm anialwch – yn llenni,
   yn llonydd eu düwch,
   diawel yw'r tawelwch,
   gwawr yn llesg a geiriau'n llwch.

I'n herwau, o'u braenaru – daw eilwaith
   y dwylo i'w llyfnu
   yn gnydlawn, ac anadlu
   her y ddawns i'r ddaear ddu.

Dyma faled yr hedyn – egina
   o ganol ei blisgyn;
   fel y daw y glaw i'r glyn,
   o'n daear – wyrth flodeuyn.

I aelwyd fe ddaw eilwaith – y geiriau
   sy'n guriad yr heniaith,
   ar wefus gwêl yr afiaith
   a rydd i ni'n gwerddon iaith.

Daw heddiw ardd i'n harddu – a dolydd
   y delyn sy'n canu
   eu moliant i bant lle bu
   hefin o gynaeafu.

Mae cleber lle bu mieri – a gwawr
   lle bu gynt ryw nosi;
  a daw rhythmau'r lleisiau'n lli
  o donnau y dadeni.

Dychwel haf i fro Dafydd – dychwel cerdd,
   dychwel cân ehedydd,
  dychwel dawn a dychwel dydd
  ein hawen ni o'r newydd.

Dychwel i ni y delyn – dychwel cloch,
   dychwel clêr i'r dyffryn;
  dychwel gwerth, dychwel perthyn
  a dail ddoe i'r dolydd hyn.

Amsterdam

Amsterdam, lle mae rhyddid yr unigolyn
mor waraidd, mor sanctaidd a'r Deg Orchymyn;
lle mae olwynion bywyd yn troi mor llyfn ddydd a nos,
a'r gamlas yn aros yn barchus rhwng ffiniau'r ffos.
Ond yma heddiw, cei ddewis awr dy dranc
rhyw dafliad carreg o dŷ Anne Frank.

Yn y tai coffi,
cei dreulio'r prynhawn heb boen na brys
wrth ddewis dy gacen o fwydlen y cannabis;
cei smygu sbliff a sgwrsio, gweld brawddegau yn y mwg,
a boddi'r cof am gyfnod heb neb i godi gwg.
Cei, fe gei anghofio am y ddyled yn y banc,
rhyw dafliad carreg o dŷ Anne Frank.

O silffoedd y siopau
cei brynu dy ddoli fach bert a'i chlocsiau pren –
ac yna'r ddoli fach noeth am chwarter awr tu hwnt i'r llen.
Un anrheg i'r wraig, a'r llall i ti dy hun,
un i ddiolch am gael mynd 'da'r bois,
a'r llall i leddfu angen greddfol dyn.
Cei, fe gei di flasu, bodloni pob rhyw wanc,
rhyw dafliad carreg o dŷ Anne Frank.

Rhwng y craciau

Tynnwch y llenni, mae'r llwyfan yn
wag,
does na neb yn troedio'r byrddau,
fe ddaeth y ddrama fawr i ben
ac adlais pell yw'r geiriau

mae'r cymeriadau yn eu tro
yn diosg eu mygydau,
yn diosg gwisg a cholur drud

o fyd eu ffantasïau
mae hi'n d'wllwch du, yn d'wllwch du,
yn d'wllwch hyd y muriau,
diflannodd pawb trwy ddrws y nos
i d'wllwch eu bywydau,
a phrin yw'r rhai sy' heno'n gweld
goleuni rhwng y craciau

Ni

Ni yw cenau tir Cynon,
ni yw'r ffau a'r wayw-ffon,
ni yw ei gledd yn y glyn,
a'i wales rhag y gelyn.

Ni ddeiliaid bro Cynddylan,
ni yw'r tes yng ngwely'r tân,
ni yw cri pentrefi Tren
a'u cân ym mhob un cynnen.

Nyni yw fflam ein rhamant
a deusain nwyd swyn y nant;
ni yw'r iaith – ie, heniaith ha'
Bowyseg Eglwys Basa.

Ni yw helwyr Cyfeiliog,
arwyr glân, herwyr y glog;
mêr y gaer a'r muriau gwan,
ni yw derw ei darian.

Ni wylwyr caer Llywelyn
nawr yw cyffro bro a bryn,
ni yw'r llais yn nyfnder llwyn,
a'i furiau yn Nolforwyn.

Ni yw gwylwyr y geulan,
ni yw'r llwyth yn erwau'r llan,
ni yw'r ffos gylch esgair ffydd,
ni yw Owain o'r newydd.

Ni yw dail coed ein dolydd,
pileri a deri'n dydd,
ni o dras yng ngwaedd y drin,
ni heddiw ydyw'r fyddin.

Ni yw hendref llef a llais,
milwyr er sen a malais;
draw acw mae ein drycin
a'n ffawd – ynom ni mae'r ffin!

Hyddgen

(Hyddgen – 1401 – Yma saif dwy garreg wen –
Cerrig Cyfamod Glyndwr – lle y bu i Owain a 400 o'i ddilynwyr,
orchfygu tua 2000 o filwyr y brenin)

Heddiw ar drum Pumlumon -- ym moliant
   y cymylau duon,
  gwelais frwyn ar dwyn yn don,
  yn hwyliau yr awelon.

Awelon ir y moelydd – ddaw a haul
   i ddilyn cawodydd,
  yn arad' aur ar wawr dydd
  a'i wen i liwio'r gweunydd.

Gweunydd mewn brethyn gwinau – ei hanes
   sydd yno i minnau;
  llinach o gyfrinachau
  yn y gwynt sydd nawr yn gwau.

Ddagreuol griafolen – wyt gysur
   wyt gesail anniben;
  wyt yn graig, wyt yn gragen,
  bugeileg dwy garreg wen.

Hyddgen – dwy garreg wen gynt – a wybu
   anobaith eu helynt;
   awr y gad sydd ar y gwynt,
   daw yno'r cof amdanynt.

Daw'r cof am y pedwar cant – eu llewyrch
   a'u lle yn ein rhamant;
   yn y niwl ar lannau'r nant
   hwy yw milwyr ein moliant.

Coleg y Drindod

Hen bair fu gynt yn berwi – o'r bwrlwm
   rhyw berlau sy'n cronni;
   o'i dragwyddol, hudol li
   y doniau sy'n dadeni.

Clywedog

Deuant,
yn eu cannoedd a'u miloedd
i sefyll a syllu
ar gyw cog o lyn.
Ni welant argae concrid ein cywilydd
sy'n cynnal euogrwydd y gorffennol,
na theimlo'r tonnau o hiraeth
sy'n torri ar lannau cydwybod.
Ni chlywant leisiau Ystrad-Hynod a Bwlch-y-gle
sy'n cronni'n sibrydion o frad,
na gweld yr hagrwch
a welaf i.

Deuant,
yn eu cannoedd a'u miloedd
i gerdded llwybrau ffug y presennol,
i yfed te ac i ryfeddu
at yr harddwch.

Angladd Nansi

(Telynores Maldwyn)

Eistedd yma
yng nghapel Bethania
yn amsugno amser
i gyfeiliant miwsig ei bywyd.

Ar dannau'r cof
daw melodïau'r gorffennol
i'n tywys yn ôl
i barlyrau plentyndod,
gan brocio cainc o ludw'r tân
ym Mhenybont.
Ymbalfalu yng nghypyrddau ei chof,
a chwythu haen o lwch
o silffoedd hen atgofion.
Hithau'n geiliog y rhedyn,
yn neidio'n rhwydd
o loriau'r llechen las
i sglein y meini clais,
echdoe, doe a heddiw
ei thelyn deires
yn awchu am yfory newydd.

Mae hi yma ac ym mhen draw'r byd,
mae hi ym mhobman ond bedd:
sipsi ein Sadyrnau,
Melangell ein cerddoriaeth.

Hen Ffermdy Bugeilyn

Hen ŵr yn dy gwman
a'th falog ar agor i'r gwynt a'r glaw –
iorwg yn gudynnau ar dy dalcen,
hesg yn cusanu dy draed.

Fe ddaeth rhewynt Pumlumon,
medelwr Hengwmannedd
i dreiddio dy wasgod garpiog
gan rwygo clogyn dy hunan-barch
a gaeafu'n dy galon.

Hen ŵr,
a glywi di'r tawelwch
lle bu sŵn plant
yn dringo grisiau dy gof,
a'r gwynt
yn chwipio tonnau'r atgofion
o'th afael?

Hen ŵr yn dy gwman,
dy wyneb yn herio'r elfennau
a'th ffon yn fflangellu'r llyn.

Eira ar Bumlumon

Yn oriel dopograffaidd yr ymennydd
mae gŵr yn cerdded ei lechweddau.
Fel trwy sbienddrych mae'n symud
gam wrth gam
i gyfeiriad copa anweledig;
rhoi esgid fach lle bu esgid fwy
a llaw ar sadrwydd clun.
Oedi i osod carreg
ar garnedd ger y llwybr,
cyn dilyn polion sy'n pylu
wrth i'r prynhawn hwyrhau.
Yna, hyd yn oed trwy wydrau
mae'n pellhau a throi'n smotyn
yn ei amdo.

Melinau Gwynt

Mae grwnan
bugeiliaid newydd ar y bryniau,
yn hel diadelloedd Maldwyn
i gorlannau
y dechnoleg amgen.

Yn eu hafodydd
mae'r hen fugeiliaid
yn cyfrif gwerth eu hetifeddiaeth,
tra mae'r cŵn yn segura ger y tân
yn ceisio dwyn i gof
yr hen chwibanau.

Gadael Esgeirieth

(I Elsbeth a Gwilym)

Tawelwch lle bu teulu,
heddiw tarth sy'n cuddio tŷ;
lle bu'r tân a'r llwybrau teg
mae glaw a distaw osteg
yma'n gorwedd fel gweddi
ar y bryn, yn fferru bri.
Heddiw cân hen ddyddiau cu
a'i hiaith ddaw i'n hiraethu.

Yma bu oes o groeso
hael a brwd yn cynnal bro,
gwir angerdd eu cerdd a'u cân
yn heintus ger eu pentan;
rhyw berlau pur a bwrlwm
eu caer, yn eneinio cwm.
Cân gorawl yn fawl di-feth
o gariad fu Esgeirieth.

Mae alaw yma eilwaith,
alaw yw mewn hudol iaith,
daw i gof eiliad o gân,
rhyw adlais yn yr ydlan
a chân mewn ffos a cheunant
sain ei nwyd yw swyn y nant.
Erys o hyd wres a heth
y wawr ar fferm Esgeirieth.

Dwyn 'falau

Unwaith,
pan oedd fflamau cyntaf chwant
yn dychlamu mewn trowsus byr,
dilynais di dros y clawdd
i berllan yr anturiaethau.

Yno,
a'th ddwydroed
ar gangen sigledig,
cwpanais fy nwylo'n orseddfainc
i'th fochau crwn,
ac fel yr estynnaist
am y ffrwythau gwaharddedig
daeth dy sawr i'm glafoeri.

Gorwedd,
dan nenlen canghennau
i fynnu ysbail dydd o haf;
llaw yn lleidr
dan siwmper tyn,
a minnau'n dwyn dy 'falau di,
ers talwm.

Y gŵr doeth o'r Pwnjab

Un prynhawn o haf,
cerddodd un o'r gwŷr doeth
o wal yr ysgol Sul
i mewn i'n parlwr ni.

Safem, gan rythu
ar ei dwrban coch a'i farf cyrliog
gan ddisgwyl gweld
aur a thus a myrr
tu mewn i'w gês enfawr.

Consuriwr,
a hoeliodd sylw Mam,
wrth iddo godi pais sidan
o flaen ei llygaid paganaidd,
a thrwy eurwe'r coban nos
gwelsom wrid ar fochau Nain.

Y blwmars fu'n gyfrifol
am ein halltudio i'r gegin,
gan adael siom
na fu cobra'n rhan o'r sioe.

Er fod ganndo gês,
na'th o ddim aros;
ond gwelais y sidan un nos Sadwrn
yn gorwedd ar wely Mam,
ynghyd â phâr o byjamas newydd i'n nhad,
gan y gŵr doeth o'r Pwnjab.

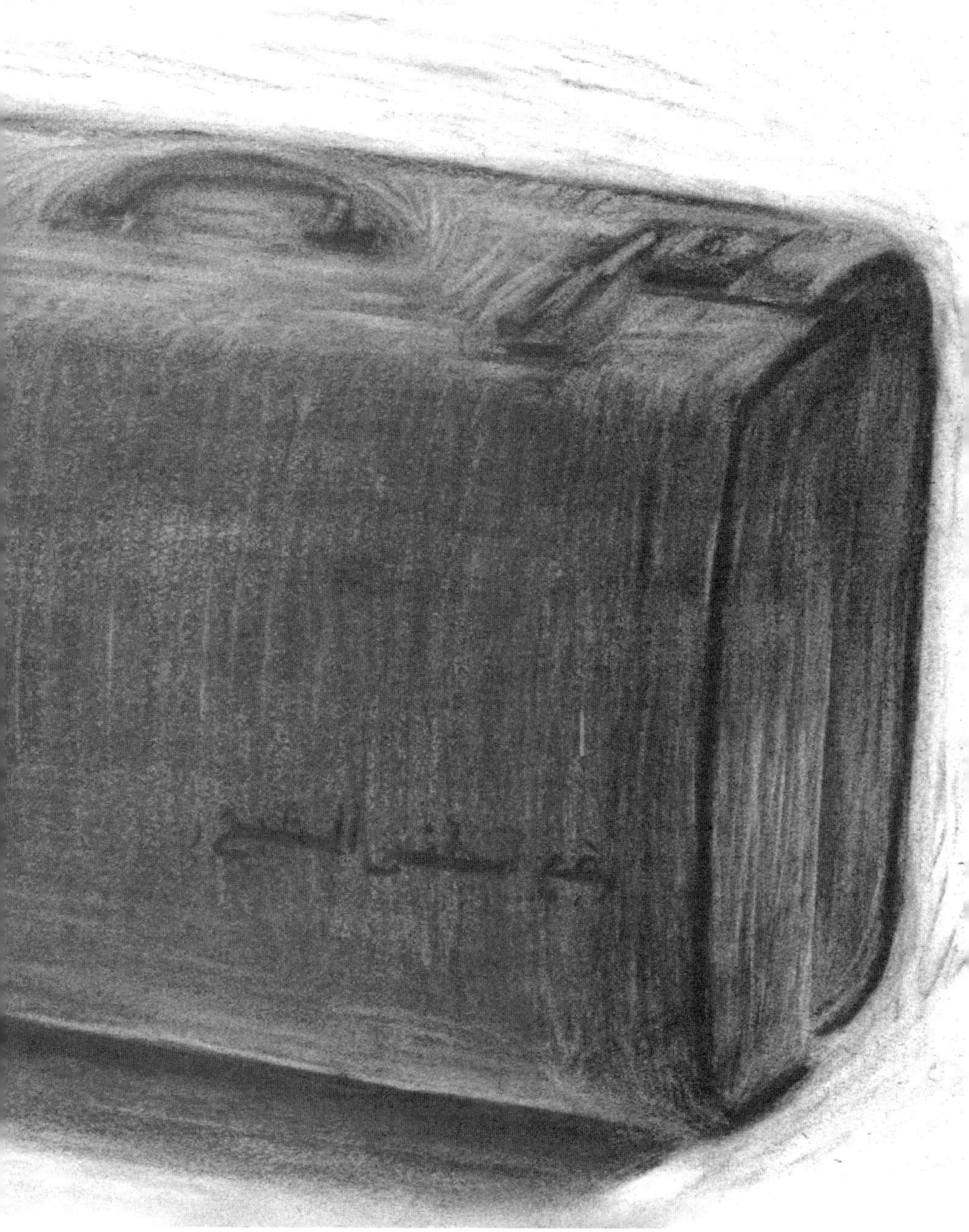

Siartwyr Llanidloes – Ebrill 1839

Sŵn y corn ac atsain carnau
yn dwyn gwanwyn dan y gynnau,
gwŷr a thref yng nghôl gwrthryfel
awr eu nychu mor anochel.

Bore o waedd fu eu breuddwyd,
a gwên heulwen a welwyd,
heddiw'n aeaf ni fydd newid
wedi'r addo chwalwyd rhyddid.

Lleisiau'r Siarter mewn cwteri,
brenin, byddin sy'n eu boddi,
golud eraill yw gwladwriaeth,
rhu eu diawlio'n lladd brawdoliaeth.

Ni ddaw cân i weiddi cynnen
na goleuni trwy eu gwlanen,
diffodd ffaglen dan garthenni
gwawr yn sibrwd, gwŷr yn sobri.

Diffodd breuddwyd, ffydd boreddydd,
hoelion gwae yng nghalon gwehydd,
yno gwawdiwyd tref fu'n gwaedu
o'u hoferiaith am yfory.

* * *

Gwydrau'n tincial, aros galwad
yn y gorlan, côt ysgarlad,
dyma barth y meirch a charthion
ein nawddogol foneddigion.

Sŵn y corn ac atsain carnau,
heddiw eilwaith dry'n meddyliau
nôl i wres yr hanes hwnnw,
sain y gelyn, lleisiau'n galw.

Lleisiau teyrngar ym mhob taran,
swyn eu stori sy'n ystwyrian
aur o wanwyn, byr ei einioes
a'i anadlu'n nhref Llanidloes.

Wele'n sefyll

I ddeffro bro daw y brain
hyd erwau hen y dwyrain,
i daenu eu hadenydd
â chrawc brad ar doriad dydd.
Daw adar brwd o dir brau
i hofran uwch y gwifrau
a chrechwen eu hacenion
ydyw loes yr ardal hon.

Llwybr mwyn lle bu'r mynach
ddoe a'i groes, heddiw ddwg wrach
a'i llais brwysg sy'n llaesu bro,
dwyfoliaith sy'n dadfeilio.
Hyd aeliau'r tir hudolus,
heibio hafan, llan a llys,
aliwn dwf peilonau dur
a'u rhu a ddaw i'r awyr.

Yma'n hedd emynyddes
heddiw rhaib sy'n addo rhes
o felinau, duwiau'n dydd
a'u morter rhwng y myrtwydd.
Hyd lwybrau ffydd Dolobran,
heddiw, ddoe sydd ddiwahân;
ond daw i'r gwellt y felltith –
ynni rhad sydd ddim ond rhith.

O fwynder difaterwch
a'r dilafur, segur swch –
oferu'r pridd, cyfri'r pres,
ai hynny fydd ein hanes?
Llonyddwch sy'n Llanwddyn –
erys llais uwch rhos a llyn
i'n herio, i gofio gwae'r
ergyd o godi'r argae.

Reslo

Pan ddaeth noson y Reslo
i droi neuadd sgwâr yn gylch gwallgo',
eisteddai Mam a'i hwyneb yn dân
gan ymladd pob gornest ei hunan.

Ei harwr ydoedd Orig,
a phan ddringai'r cawr
rhwng bwa'r rhaffau gwyn,
llamai ei chalon;
llumanai ei bag llaw i'w harfogi,
ac ym munudau'r ynfydrwydd hynny,
try dynes gall yn lloerig
a'i dyrnau'n glwm ar gnul y gloch.

Adroddai'r hanes i Nhad
gan ystumio pob symudiad –
rhyfeddai, na welai hi
yn hydref ei diniweidrwydd
mai drama ffug oedd y dyrnu,
mai rhith oedd yr hanner lladd.

Pan ddaeth mefl i'w gwaed
a hithau'n ymaflyd
rhwng rhaffau ei gwaeledd hir,
daethom i'w chornel hithau,
i daenu lliain dros dalcen
a sibrwd geiriau'r anogaeth,
cyn wynebu
realiti'r rownd olaf.

Lloran

does dim yma bellach
ond hoel llwch lle bu llun
a gwacter lle bu darlun

does neb yn dyst
i'r cerdded dibwrpas
o un ystafell i'r llall

na'r oedi i wrando
ar sŵn y gragen wag
yn diasbedain drwy'r pen

ni ddaw gwreichion sgwrs
i oleuo oriau'r cyfnos,
na galwad mwy o'r gegin fach –

mae'r tŷ yn wag

Y dŵr o dan y bont

Pan oedd haf yn ein meddiannu
glun wrth glun uwchben y dŵr
a rhamant dwy gainc byrlymus
yn llifo trwy ein gwaed,
daeth dedwyddwch, i ymdoddi
dwy nant yn ffrwd.

Pan oedd heulwen Awst yn anwes
a chwys dwy law yn lud,
dy afon yn afon i minnau
a'th donnau yn dennyn gwyn,
plymio wnes yng ngwres glasoed
i lygad dy ffynnon di.

Ond daeth diwedd haf i'n rhannu
a gwrthlif i hollti'n byd;
a welais ti gwrs y dyddiau'n
ymdroelli tu hwnt i'r ffin,
a dwed i mi – a wyddost ti
ble'r aeth y dŵr o dan y bont?

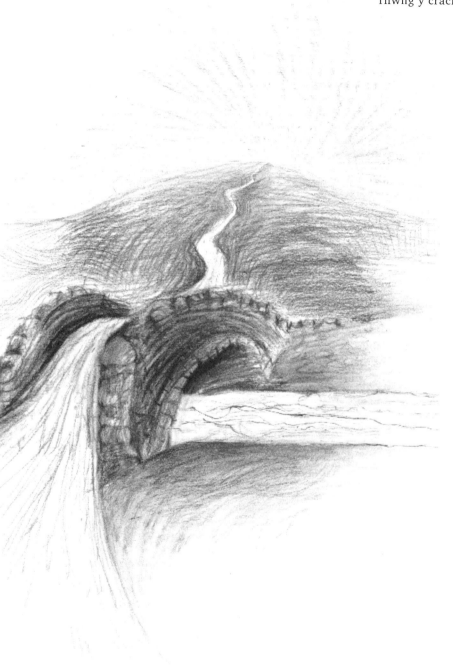

Yn Nhafarn y Railway Penybontfawr

Gŵyl Tân Tanat Mehefin 2009

Ar yr êl yn y Rêlwe
mewn hen nwyd, mae heno'n ne
a sain gwiw yn swyn y gân,
beint am beint dan ei bentan,
yn morio hyd y muriau.
Fel ruban mae'r gân yn gwau
i'r haf sydd yn ei afiaith,
sy'n ein meddwi ni'n ein iaith.

Geiriau o gyfeillgarwch
yn llon, ddaw heno o'r llwch,
yn llon, mor llon daw y llef –
yfaf wydryn, wyf adref!
O feddwad ym mharadwys
daw i'r cof am dorri cwys,
 a dianc mewn ifanc nwyd
i'r Rêlwe draw a'r aelwyd.

Mae tân yn Nyffryn Tanat
a gwres ym marwor y grât,
hen gân sydd yn megino
gan sibrwd yn frwd drwy'r fro,
wrth i'w wreichion ein llonni
hen gân yn grwnan ei gri.
Clywch y gân, clywch y geni
am eilwaith ein heniaith ni.

Bethlehem (2001)

Pe byddai technoleg heddiw'n
bodoli yn nyddiau geni Crist,
gallem fod wedi dal y digwyddiad
trwy lygaid lloeren ddisglair
uwchben y byd.

Ond er i holl loerennau'r gofod
graffu'r llwybrau ddydd a nos,
ni welwyd hyd yn oed
yr un gŵr doeth
yn nesáu at Fethlehem
y Nadolig hwn.

Laura Ashley

Daeth ei hargraff o oes arall
i flodeuo lliain menywod,
gan greu pob dydd yn ddydd o haf
a phob haf yn glytwaith o gaeau gwair.

O frasluniau'r gegin gefn,
deuai'r ffrogiau fel llenni yn y gwynt
gan agor eu pletiau
i fympwy llyfrau siec y siopau crand
yn Llundain, Paris ac Efrog Newydd.

Ond gwerthwyd yr haf
ac yn ddirybudd, gwywodd hithau
gan adael gweddillion petalau
yn naear Carno.

Y ddefod

Codai gyda'r wawr,
gan agor llenni'r pentref
i groesawu'r dydd.

Sŵn bolltiau'n brolog i'r bore –
hithau'n ei dillad du
yn ymgrymu ger ei hiniog
mewn defosiwn dyddiol,
gan duchan i'w chadachau
a mynnu sglein o'r blac-led.

Pan ddeuai siôl y cyfnos
i lapio ysgwyddai'r tai
a llwch y mynd a'r dod
i lonyddu ar strydoedd Llan,
ni welwyd hoel difwyno
ar sglein ei hiniog hi.

Er cof

Nia Mai – Dolgellau

Yn ei gwên, roedd haul pob gwanwyn – rhyw fôr
   o firi diwenwyn,
   ei hysbryd iach diachwyn
   huda Mai drwy'r llygaid mwyn.

Magi Lewis – Meifod

Colli'r wên, colli'r anian – a hefyd
   ei hafiaith a'i dychan,
   ei bywyd brwd diffwdan,
   dirodres, ein lodes lan.

Er cof am Gwilym Jones (Esgeirieth)

Ei nodded fu'n y mynyddoedd – y gŵr
   a garodd wagleoedd;
   bugeiliaid a defaid oedd
   ei afiaith, a'i wir nefoedd.

Er cof am Vera ap Rhobert (Ynys Môn)

Yr un fu'r wên o'i geni – yn euro
   yn oriau trybini,
   o weld haul ei golud hi
   fan draw, a'r glaw yn gloywi.

Eifion Green – Y Drenewydd

Oerodd Awst mor ddiystyr – ei gellwair
   a gollwyd mewn gwewyr;
   heno gwên a dry yn gur,
   ei heulwen dry yn ddolur.

Anti Jini – Cefn Brith, Cerrigydrudion

Ei gwên oedd ei gogoniant – trwy wewyr,
   trwy aeaf di-haeddiant;
   deil ei nwyd o alaw nant
   yn addurn yn fy meddiant.

Un pâr o sanau

Mae gen i dri mab
a'u traed 'run maint a'm rhai i;
ac ar fore dydd Llun
cyn bod neb ar ddihûn,
rwyn stelcian fel lleidr
mewn pyjamas streips
o'r bathrwm i'r gegin,
gan ymbalfalu yn y pentwr
o drôns a sanau ar y gwresogydd.

Fi yw'r gwron yn Ionawr
a'n nhraed yn fferru ar y llawr oer,
yn diodde'r ddefod foreol
o geisio pâr – dim ond un pâr –
pinc hyd yn oed –
rhywbeth ond Adidas gwyn –
dim ond un pâr o sanau call,
heb ddrewdod llencyndod
heb dwll yn y gwaelod,
ydw i'n gofyn am orfod?

Mi brynes i chwe pâr o sanau du
i fynd efo'm siwt,
ond roedd y tri yn ddigon ciwt
i'w dwyn o'r dror
cyn iddyn nhw dywyllu'n nhraed;
ac er y bygwth a'r rhegi
welais i mo'r sanau wedyn
nes iddyn nhw wenu'n wawdlyd arnai
o ffenest y peiriant golchi.
Mae'r peth yn warthus,
does na'm un esgus
pam na fedra i
dyn sydd wedi ennill cadair a choron
fod yn berchen ar – un pâr o sanau.

Mae'n iawn i'r wraig,
does neb yn dwyn ei thrôns a'i sanau hi;
mae rheini'n chwifio'n hapus,
gyfforddus ar y lein,
a mae hynny'n ffein – iddi hi.
Ond beth amdana i
sy'n gorfod deffro'n fore
i gyrraedd y pentwr
fu'n sychu ers neithiwr,
a gweddio, gweddio,
y bydd yna un pâr –
dim ond un pâr o sanau'r un lliw
i roi ar fy nhraed.

Ond fel y d'wedodd y wraig –
cyn hir bydd y tri wedi gadael y nyth
ac mi ga i anwesu fy sanau
o fore hyd byth.
Ond ar fore rhewllyd
heb fod yn grintachlyd,
mi fyddai'n braf
cael un pâr o sanau –
dim ond un pâr o sanau
sy'n perthyn i mi.

Llais

*(I gyfarch Anthony Rolfe Johnson CBE ar ei ymddeoliad fel
Cyfarwyddwr Artistig Gŵyl Gregynog 1988 – 2006)*

Wyt y gân, wyt y gwanwyn
i ddeffro bro draw o'r bryn,
i'n galw ni o gil nos
a'n llonni 'nghân y llinos.
Wyt emyn aderyn du,
yn gennad yn dy ganu,
wyt gylfinir ein hiraeth,
nodau cof ein nwydau caeth.

Eos wyt ar gasetiau,
a rhin dy alaw'n parhau,
chwiban balch uwchben y byd
yn hofran fel chwa hyfryd.
Wyt ganiad ar doriad dydd
i'n hudo fel ehedydd
mor swynol, môr o seiniau
lenwa bron galonnau brau.

Wyt alaw, wyt y telor,
wyt holl anian cân y côr,
y llais sy'n anwesu'r llyn
yn daerach nag aderyn.
Wyt bibydd gweunydd y gân
o'r gadlas draw i'r goedlan,
dros y byd rwyt yn mudo,
yn dy fron – o hyd dy fro.

"Muriau"
(Dilyniant o gerddi)

Castell Lego

Eisteddai'r Bwda bach ar garped y Nadolig
a'i lygaid yn gwibio fel mewn gêm denis
o'r Lego i'r llun ar y bocs.
Bricsen wrth fricsen lwyd
fe gododd muriau'r gaer
tra bod bastiwn ei fam a'i dad
yn darnio'n y gegin.

Hon oedd y gaer,
lle gallai'r milwr bychan
ddianc mewn arfwisg blastig
i godi'r bont a chau drws
ar y rhyfel cartref.

Clusten

Wrth ei ddesg,
ni feddai'r dalent
i ddianc a dychmygu
gan fod arswyd ac ofn
yn rhan o barsel bywyd
a phrofiadau go iawn
yn parlysu ei bensel,
tra bod pawb o'i amgylch
yn boddi mewn geiriau ffug.
Ond, gallai deimlo'r chwydd ar ei dalcen
a blasu'r gwaed ar ei boer,
ac wrth weld llun ohono'i hun
yng nghwarel wydr y drws,
gwelodd haul y gaeaf
yn machlud yn ei lygaid.

Concyrs

Yn hyderus,estynnodd ei goncyr
ar gortyn beindar digon bregus
i herio'r byd.
Cylch o wynebau coch
yn rhyfeddu at wytnwch cnau
heb wybod cyfrinach y finag
a wnaeth un yn ddiguro
na deall
mai'r un galon feddal
a drig ym mhob cneuen.

Un gusan

Yn ei wely
rhyngddynt fel erioed;
roedd dieithrwch eu sgwrs
yn atsain o'r muriau clinigol
ac yn y munudau hir o ddistawrwydd
dechreuodd y grawnwin sgrechian
a throi'r afalau yn gleisiau i gyd.

Roedd ei fam yn edrych rownd corneli
a llygaid ei dad yn bygwth y cloc
i daro diwedd awr yr ymweld.

A'r ddyletswydd drosodd,
plygodd ei dad yn annisgwyl
a'i wyneb fel hen balmant
i blannu'n drydanol ar ei dalcen
un gusan, y gyntaf a'r olaf,
un gusan i bara oes –
un gusan.

Parti

Dim ond y tri ohonynt –
roedd y tŷ yn rhy fach i Wahoddiad
a chyhoeddodd Trefn
nad oedd neb yn deilwng
o'r gadair wag.
Penderfynodd Hwyl ac Asbri gadw draw
rhag amharu ar y ddefod,
ond roedd y llestri gorau,
y cardiau a'r gacen yno
a daeth y jeli a'r hufen iâ
ar ymweliad blynyddol.

Ar alwad y corn gwlad
diffoddwyd unarddeg o ganhwyllau
cyn i Heddwch garthu'i wddf,
a sylwodd neb ar y ddawns flodau'n
gwywo ar ganol y bwrdd.

A'r gwynt i'r drws bob bore

Bore o wanwyn,
cerdda law yn llaw â'r haul
hyd lwybrau'i arddegau,
nes cyrraedd carnedd gynta'r llechwedd.
Yma, yng nghanol cylch o gerrig
mae gardd o hwiangerddi,
lle bu'n meithrin blodau amddifad
ar dannau'r gwynt.
Gweld un friallen
a fynnodd ddianc at glystyrau'r grug ...

Ebrill sy'n halio
piseri'r glaw dros y gamfa
gan wthio dwylo i bocedi gwag
a dilyn llwybr yn ôl at gysgod muriau
lle nad oes dim yn tyfu.

Cwmwl

Gwybod, wrth ddringo'r grisiau
fod hen ddwylo cyfarwydd
yn ei gymell i'r llofft
lle roedd cwmwl du yn garthen.

Gorwedda, â'i llygaid gwag yn taflu lluniau
digyswllt ar sgrîn y pared
a'r stympiau sigarets yn cofnodi
hyd y prynhawn.

Gwybod, na fyddai gwaedd na chusan
yn agor y drws i'w dryswch
a gweld wrth gamu yn ôl
y llenni'n cau dros ei llygaid.

Hualau

Trwy ffenestr fach y llofft
roedd ei lygaid yn dilyn
llwybr dolurus y fam
a fu'n llnau y tŷ fel lleian
ar ei gliniau yn oriau y bore bach
cyn galw'r byd i ginio Sul ei salwch.
Cerdded at y glwyd
a'i chefn fel criafolen
cyn troi a thaflu aeron ei gobaith i fympwy'r gwynt;
trwy ddrws cerbyd
camu i wyll yr anghall
â'i byd i gyd yn ei bag llaw.

Caeodd y llygaid yn ffenestr fach y llofft
gan ailagor fel clicied camra yn y gegin;
un llun arall i'r albwm
o'r tân yn darfod yn y grât.

tydi bechgyn mawr ddim yn crio

tydi bechgyn mawr ddim yn crio
na dangos poen
mae nhw'n tywallt gwaed yn lle dagrau,
yn llyncu ofn a phoeri diflastod
yn gwteri o fflem.

tydi bechgyn mawr ddim yn crio
ar lan y bedd
mae nhw'n sythu eu cefnau
rhag cyllyll y gwynt,
yn gwisgo mygydau'r llwyth
i warchod y drefn.

tydi bechgyn mawr ddim yn crio
wrth golli mam
mae nhw'n ysgwyd llaw a disgwyl
i'r galarwyr wasgaru
cyn taflu llwch i lygad pres yr arch.

tydi bechgyn mawr ddim yn crio
yn y fynwent
mae nhw'n claddu'r ing
yn selerau'r cof
ond rhyw ddydd daw rhywun
i brocio argae'r dagrau
yn orlif o drais.

Stop tap

Ar ganiad y gloch i gau'r bar
fe dry'r dafarn yn dalwrn
ac wedi troethi'r cwrw mwyn
yn erbyn wal y tŷ bach,
daw'r llanciau o'r corneli coch a glas
i ganol y llawr i glochdar teyrngarwch
a cheisio torri crib.

Gŵr y bar fel pob dyfarnwr
yn ennill dim ond llid y dorf:
'Hogia bach, dim ond gêm oedd hi' –
ond roedd hi'n llawer mwy na hynny;
roedd Rhyfel Byd yr Hormonau
yn mynnu bod un yn llorio'r llall,
am nad oedd lle i fwy nag un
ar ben y domen.

Ymhen yr awr,
roedd tafarnwr yn cyfri papurau decpunt ei fendithion,
a'i wraig yn sgubo teilchion llencyndod
unwaith eto i fin sbwriel y nos.

Yr awr ginio

Ar lwyfan styllod y sgaffaldiau
mae na glown,
yn ei het felen a'i wyneb sment
yn barod i dyrmentio'r byd is law.
Chwiban.
'Oi! Blondi!
Tisio reid ar gaseg forter –
tisio gweld fy lefel wirod?'
Symudai ei dîn yn ôl ag ymlaen
yn awgrymog fel rhyw ddawnsiwr ecsotig;
godro'r gymeradwyaeth
nes i'r flonden godi dau fys ar ei faswedd
a rhoi iddo'r sylw a grefai.

'Hwren!'

A'r perfformiad drosodd,
troiodd yn ôl at y wal
gan ailafael yn hen drywel ei dad.

Angel pen ffordd ...

Llenni'n agor ar y paun
yn camu draw at y drych
i edmygu plu ei hunanhyder
cyn hwylio i gyfeiriad Y Ship.
I'r byd mae o'n glên, yn un o'r hogia –
y cyntaf i godi rownd,
yr olaf i adael seiat y bar;
ef yw canolbwynt sgwrs
a churiad pob Calon lân,
ffynhonell ffraethinebau,
arwr y bore bach.

Llenni'n cau
a rhyw ddistawrwydd oer yng nghlep y drws –
hithau'n esgus cysgu
wrth i'w gorff noeth feddiannu'r nyth;
llaw yn cripian fel pry copyn
hyd ei chnawd i geg ei gwain,
cyn i'w hosgo dynhau
a thynnu'r gwynt o hwyliau'i chwant.

Daw'r haul edifar
i oleuo'r llwyfan
a'r tebot crynedig
i geisio tywallt balm ar y bore.
Mae hi'n tin-droi o'i gwmpas fel gast
yn erfyn briwsion o dosturi
ac yntau'n cuddio ei ben yn ei bapur newydd.

Yna'r act o godi llaw ar y trothwy
a'r laswen yn cuddio'r cleisiau.